AF248140

UNE DES SEPT PLAIES DE L'EUROPE

UNE

DES SEPT PLAIES

DE L'EUROPE

OU

LE POT-POURRI DU JOURNALISME

PAR

M. l'Abbé THIONS

MEMBRE DE LA SOCIÉTÉ ACADÉMIQUE DE MACON, ANCIEN CONSUL DE FRANCE
DANS LA TURQUIE D'EUROPE

Et Auteur de l'ouvrage intitulé : *La Vie, ou Tableau de ses spectacles
et de ses luttes*

PARIS

FÉLIX GIRARD, LIBRAIRE ÉDITEUR

Rue Cassette, 30

LYON, MÊME MAISON, PLACE BELLECOUR, 30

1867

—

A MESSIEURS LES HAUTS ET PUISSANTS SEIGNEURS

DE LA RÉCLAME ET DU JOURNAL.

MESSIEURS,

Si je me permets, en vous attaquant, de vous donner ces titres, c'est que vous en prenez les droits, en attaquant vous-mêmes les hautes puissances qui nous gouvernent.

Il est donc bien difficile, je le reconnais; il est aussi dangereux de chercher, passez-moi l'expression, à vous attacher le grelot, que de s'avancer, avec l'acrobate américain, sur une corde tirée au-dessus de la chute du Niagara.

Et néanmoins, messieurs, vous le voyez : malgré tant de périls, je me sens poussé à cette entreprise, dût mon tour de force me livrer à la griffe du chat ou m'ensevelir dans la cataracte.

Je commence, ainsi qu'il est juste, par établir une sérieuse distinction entre les couleurs qui vous nuancent, entre les buts qui vous dirigent.

Il y a, d'abord, la Presse désintéressée et de bonne foi, à laquelle les vérités religieuses, littéraires, politiques et philosophiques, mises en danger, n'ont qu'à faire un signe pour la voir accourir à leur défense et se ranger énergiquement sous leurs étendards.

Il y a ensuite la Presse moins délicate de conscience et plus habile de calcul, que les partis soudoient, et qu'ils enrôlent incessamment contre les intérêts de la justice, de la morale religieuse, de la sécurité publique, et des traditions d'un passé dont il faut bien aussi tenir compte en conjuguant le verbe social, tel que nous ont appris à le faire la Providence et les enseignements de l'histoire, qui est sa grande école.

Il y a enfin la petite Presse, qu'on serait en droit d'appeler de ce nom, si ses résultats étaient petits, et si le pire de ses défauts était de faire de nous des Athéniens du temps de Philippe ou des gobe-mouches du nôtre, se promenant sur la place publique, et se demandant sans cesse s'il y a quelque chose de nouveau ; comme s'il pouvait y avoir rien de plus nouveau que de rencontrer en France, cette patrie du bon sens et de l'esprit d'initiative, des Phormions radoteurs qui écrivent sur tout sans rien savoir, et parlent de tout sans rien dire.

Or, de ces trois catégories de journalistes, si ce ne peut être à la première que je m'adresse, n'ayant pas la prétentieuse folie de blanchir le lis ou de polir l'ivoire, il reste évidemment que ce soit aux deux autres.

C'est donc à la petite Presse et à la moitié au moins de la grande que je vais m'attaquer ; c'est à elles seules qu'à bout de patience, je vais me plaindre ici de leur audace à tout braver, de leur penchant à tout corrompre.

Toutefois, messieurs, avant de prendre contre elles, non pas le langage mielleux de ce petit insecte ailé qui nous dérobe son dard, le retrouvant au besoin, mais celui de la grosse mouche qui, sans nous prendre en traître et sans cacher sa pointe, n'en bourdonne que mieux ses avis salutaires, il est à propos de vous désigner les têtes de colonne de cette armée de rongeurs qui nous assaillent tous les jours de l'encrier et de la plume.

La *première* est celle qu'on voit s'avancer en tambour-major de ces naïfs bourgeois faisant la guerre au berger, sans s'apercevoir qu'ils sont, au regard du loup, la plus grasse partie du troupeau. Pour se croire ainsi l'organe accrédité de son époque dans les opinions, il est nécessaire qu'elle se dissimule avec soin qu'elle n'en est qu'un des mille agents d'anarchie dans les intelligences. Peut-être ses émouchets s'en doutent-ils : leur finesse peut aller jusque là ; mais elle ne saurait atteindre le point de vue où il faut s'établir pour embrasser l'ensemble des résultats salutaires du catholicisme. Ils sont juste à la hauteur du métier qu'ils exercent, ne découvrant que les faiblesses de l'homme et la rouille dont le temps pénètre les ressorts de cette sublime institution. C'est un thème sur lequel ils savent broder, celui-là, ou plutôt c'est une corde sur laquelle ils savent danser avec la prestesse d'un esprit d'autant plus leste qu'il est plus léger. De là ces gentillesses de style, ces tours de passe-passe, ces vêtements si variés d'un mannequin toujours le même. De là cette entreprise de faire enseigner, dans tous les colléges, la morale sans la religion, de construire l'édifice sans fondement, et de bâtir en l'air, abstraction faite de la force centrale. Ces miracles de déraison peuvent trouver leur appui dans l'ignorance des masses, on le conçoit. Ajoutons que l'apprentissage de ces coiffeurs de la morale pommadée, mais sans racine comme la perruque, se fait sous un maître non dépourvu d'un certain art. C'est leur spirituel directeur, dont les doctrines appétissantes sont le meilleur bouillon réchauffé du spirituel et appétissant Voltaire. Aussi lui a-t-elle poussé naturellement, l'idée méritoire d'élever une statue à l'inventeur d'un pareil pot-au-feu.

La deuxième. Elle se rengorge de son titre, supposant que les opinions de son rédacteur sont celles de la nation, comme si Paris, en le choisissant pour son député au Corps législatif, avait pu lui donner le blanc-seing de la France entière. Avant que le vénéré et très-vénérable pontife de Saint-Simon l'eût désigné pour l'avocat de sa doctrine rénovatrice, il en avait fait son enfant de chœur et le thuriféraire dans les cérémonies de son apothéose. Jugez de son avancement : ce n'est plus le père Enfantin au nez duquel il se trouve obligé de porter l'encensoir; c'est au sien maintenant que ses disciples d'autrefois sont obligés de balancer le leur.

La troisième. Flacon d'essence politique, dont l'étiquette est trop modeste pour la liqueur qu'il renferme. Ceux qui ont la haute main dans cette distillerie d'articles, savent donner à leurs produits cette saveur de bon goût dont sont friands les diplomates. Sous cette boisson réfrigérante, sous ce cordial stimulant, la vue ne se trouble pas, et les facultés conservent leur équilibre. Aussi les employés, les fonctionnaires publics, les orateurs de second ordre, les officieux et satisfaits qui en font usage, ont-ils de la tenue, de l'étiquette et du bon ton. C'est le verre d'eau sucrée qui facilite la digestion des bévues oratoires. Me demandez-vous de définir, en d'autres termes et sous d'autres images, les aptitudes et les services des écrivains de cette feuille? Ce sont au-dessus de tout, j'oserais dire, les tailleurs de plumes et les modistes préférés des graves personnages qui représentent les nations et contractent pour elles autour du tapis vert.

La quatrième. A son titre, messieurs, un point d'exclamation ! Encore un prophète de nos nouvelles destinées ! Il n'est pas, croyez-le bien, de ces aruspices qui lisent l'inconnu dans les entrailles des victimes. Il l'entrevoit, ainsi que Dieu, dans les futurs contingents. Aux avantages, communs à tant d'autres journaux, d'éviter à leurs lecteurs la peine de réfléchir, en ne leur envoyant qu'une argumentation déjà mâchée sous d'excellentes incisives, cette feuille en ajoute un qui lui est spécial : celui d'indiquer avec précaution, à ceux qui se hasardent dans ses voies, où ils doivent mettre le pied. Quoique j'aie foi, messieurs, à ces pionniers de l'avenir, je leur dirai néanmoins (car ils envoient aussi des camouflets à l'Église) de prendre garde qu'ils n'en reçoivent d'elle. Or, c'en serait un directement appliqué, croyons-nous, si, dans la concurrence de lever la cataracte aux aveugles politiques, sa méthode était justifiée par les événements, et celle de l'oracle démentie par eux.

La cinquième. Journal bien nommé, puisque ses rédacteurs, à la nouvelle des protestations du Sénat contre un de ses membres, s'y débattent comme autant de diables dans une eau bénite. Ils sont là une vingtaine de filateurs d'écheveaux si embrouillés de raisonnements et d'assertions contradictoires, que ceux mêmes faits de longue date à ce genre de fabrication auraient peine à s'y reconnaître. Leur but, il est vrai, n'est pas précisément de raisonner juste, mais de prendre dans la cervelle de leurs abonnés la place du raisonnement. S'ils avaient de la profondeur et de la justesse dans les vues, ils mettraient en fuite ceux de leurs abonnés qui n'en ont pas. Le meilleur moyen donc de conserver leurs souscripteurs, c'est d'en faire des esprits aussi vides d'idées et aussi légers de poids que leurs feuilles volantes, qui ne vont pas, faute de substance, de l'avant-veille à la veille, et de la veille au lendemain. Et pourtant, messieurs, donnez-vous ici le nouveau spectacle des vicissitudes humaines. Sur le frontispice de ce palais du libre échange, du libre échange littéraire, entendons-nous, se voyait autrefois un oiseau symbolique, de la plus belle queue qu'on pût étaler à l'admiration des visiteurs de la capitale ; il pouvait la montrer comme le paon et la mieux chanter que lui, cette queue où rayonnaient les photographies de ses anciens et plus illustres rédacteurs. Aujourd'hui ! *Quomodo obscuratum est aurum?* Ce nouveau né de l'esprit humain, aux pieds duquel deux des points cardinaux apportaient jadis leurs produits littéraires pour être classés dans son appréciation, n'est plus qu'un messie à la manière de Renan. Aussi que voyons-nous à son étoile? Des mages romantiques arrivés du couchant pour lui offrir, non pas de l'or, mais une étoupe mal filée.

La sixième. Océan de critiques littéraires qui ne critiquent rien, d'observations philosophiques qui n'observent rien, parce que critiques et observations manquent de base. Pour comparer, il faut des points de comparaison ; pour observer, il faut des points d'observation. On n'observe ni on ne compare dans le vide. Les rédacteurs de cette feuille n'ont abouti qu'à la découverte d'un nouveau genre de magnétisme qui endort le corps sans réveiller l'esprit, ou plutôt d'un narcotique qui ruine l'un et abêtit l'autre. C'est une température morale capable de faire non pas des fous, mais des crétins; aussi la conseillerai-je à ceux qui voudraient guérir de la première maladie par la seconde. Toutefois, messieurs, le dieu mythologique de cette mer Noire, gonflée de tous les affluents de la terre ferme, est moins puissant que l'ancien Neptune, parce qu'il commande à un Eole qui ne peut que souffler, siffler, sans purifier l'atmosphère. Accordons-lui encore d'être le *Quos ego* de l'inondation des sauterelles destructives dans les produits de la pensée, et n'en parlons plus.

La septième, dont le titre est significatif de sa vocation, car elle en a une, celle de donner sous les fenêtres du palais des rois des aubades à leurs majestés avec le chaudron et la poêle à frire.

La huitième. Moulin de plaisanteries à brevet d'invention. Sa farine est reconnue pour une des meilleures à sustenter les esprits sans étoffe; car ce n'est pas, certes, à la chanson de ses rédacteurs, comme autrefois à celle d'un des héros de Beaumarchais, que les barricades s'improviseraient avec des charrettes, et que les clous se planteraient d'eux-mêmes dans l'échafaudage révolutionnaire. Non, le miracle de ces Amphions de la banalité ne va pas jusque là. C'est à une autre cause que nous devons cette éclosion récente des farfadets de l'ironie. Leur objet, en faisant rire, est de gagner de l'argent. A cela il y aurait peu à objecter, si la distraction n'était ici que le délassement d'un travail utile, et si, dans cette mouture, n'entrait pas pour un bon quart le seigle ergoté qu'y mêle l'irréligion. Bien que j'apprécie l'esprit tout de verve, l'âme aux élans nobles de son illustre rédacteur, je n'aime pas les mets assaisonnés de la sorte, convaincu que notre caractère dépend beaucoup de notre hygiène, et que, sous l'influence de ce régime, l'instinct public peut tourner aisément de la sagesse à la pasquinade et du bon sens à la bouffonnerie. Ce facétieux journal, rédigé par des narquois à la recherche des bons mots, croyait sans doute en trouver un lorsqu'il peignait notre grand poète tendant la sébile et chantant sa complainte ; il n'a trouvé que l'occasion de nous faire voir comment il savait, lui aussi, donner au lion devenu vieux le coup de pied de la fable. Certes, messieurs, si je ne craignais de leur manquer d'égards, quoiqu'ils en manquent pour les autres, je les désignerais comme une école d'arlequins où pourraient se former les personnages des tréteaux ; mais je préfère les excuser en disant : Ce n'est ici qu'une feuille inoffensive : elle s'enfle en ballon des billevesées des chroniqueurs pour crever en vessie du trop-plein de leurs balivernes.

La neuvième. Quand la tête du monde chrétien sera transformée en queue du Piémont, nous pouvons faire son éloge ; car elle aura coopéré à cette métamorphose de nos Cagliostros révolutionnaires. En attendant, n'en disons rien, de peur que cet amiral du salut public n'abandonne le soin de notre pauvre nacelle, si nous cessions de le regarder comme la seule planche qui reste encore dans le naufrage des vertus.

La dixième enfin, journal de province auquel bien des gens contestent son titre, parce que ses lettrés, barbouillés, dit-on, de l'encre d'autrui, côtoient des abîmes sur un Pégase qui recule.

Ainsi, messieurs, voilà les juges éclairés, les membres intègres de cette Convention sortie de vos suffrages pour nous appeler quotidiennement à sa barre, pour y citer avec audace, sans le moindre soupçon de son incompétence, les administrateurs et leurs administrés, les ministres, les consuls, les ambassadeurs, les simples soldats et les états-majors de l'armée ; les pouvoirs délibératifs, exécutifs, judiciaires, et enfin, au dessus de toutes ces puissances, la Vérité, qui est la première de toutes. Mais cette Vérité, qui ne peut, comme l'innocence, se justifier qu'en accusant, s'est érigé dans les âmes un tribunal en face du vôtre. C'est devant ce tribunal qu'ont plaidé dans tous les temps les avocats célèbres dont n'a jamais manqué sa cause. Si je ne puis, messieurs, me regarder comme un anneau de la longue chaîne d'apologistes de cette auguste Vérité, tolérez-moi du moins en qualité de sténographe de quelques unes de ses paroles. Je tâcherai de les saisir à leur passage de sa bouche dans le registre de l'histoire.

Ici, messieurs, avant d'aller plus loin, je dois répondre encore à une question de votre part. Vous allez me dire sans doute : Pour la fonction de nous instruire, de nous régenter ainsi par vos mercuriales, de qui tenez-vous votre *exequatur ?* Je le tiens, messieurs, du même pouvoir qui vous autorise auprès du public pour le régenter lui-même, ainsi que vous le faites. Dans la balance des libertés si souvent invoquées par vous, la défense aurait-elle moins de droits que l'accusation ? Je ne le crois pas.

Donc, à une époque d'abolition des priviléges, à une époque de libre échange, je viens avec vous échanger librement, également, les denrées alimentaires de l'intelligence travaillant au progrès social. Je viens établir ceci : je suppose que la vérité soit votre partage, et l'erreur le mien ; pour que votre vérité démasque mon erreur et en montre le côté faible, il ne faut pas qu'elle ait le monopole de l'apparition sur la place ; il est nécessaire que mon erreur s'y produise aussi, et que pour la faire valoir, si elle vaut quelque chose, je fasse, en concurrence de la vôtre, une exhibition de ma marchandise ; non pas, messieurs, par un commerce de détail auquel je ne suis pas fait, mais par un commerce en gros et sur une vaste échelle, où je vous prie de vous placer en m'y plaçant moi-même.

Dans l'étalage de produits, ou plutôt de griefs entre nos causes réciproques, je veux néanmoins écarter ici une accusation que je croirais calomnieuse : à savoir que parmi vous, selon le mot d'un conquérant, il ne se trouverait pas de place forte qui fût imprenable si l'on y faisait parvenir un mulet chargé d'or. Oui, je me plais à le croire : vous êtes un sacerdoce vivant de ses attributions, et vous vous contentez, ainsi que les prêtres de Bel, de manger les offrandes faites à votre dieu ressuscité du leur.

Non que j'aie le moindre désir, dans cette allusion, de voir nos légistes vous traiter, par la loi prochaine, aussi rudement que le furent jadis les adorateurs de l'idole en question. Pouvant être plus utiles, vous vaudrez beaucoup mieux qu'eux, si l'on vient à bout, ce que je crois fort, de vous diriger convenablement. Ainsi, point de privilége, mais des droits à vous, et une responsabilité calculée sur l'intérêt de l'ordre social comme sur le vôtre. Ni une entière liberté, qui ferait de vous un instrument de destruction ; ni une entière dépendance, qui ferait de vous un instrument de règne. Pas plus de césarisme que de jacobinisme. Le milieu entre ces deux inféodations : voilà le problème, dont la solution n'est pas impossible.

Tout cela bien éclairci, j'arrive aux griefs que je vous oppose.

Et d'abord, messieurs, le plus général et le plus grave en même temps, c'est celui qui vous porte à déranger, à intervertir la classification qui s'est faite de toute éternité dans les intelligences, en plaçant les puissances morales au-dessous des puissances matérielles, de beaucoup inférieures.

Sans doute, la lutte des passions contre la justice est aussi ancienne que le monde ; mais l'héroïsme du cœur consiste-t-il à leur céder, à nous établir contre la justice avec les passions, ou contre les passions avec la justice ?

En livrant le droit aux réactions de la force, vous dites : Ce sont leurs intérêts avant leur idéal qui dirigent les hommes ; et, tout fiers de ce beau principe de gouvernement, vous descendez, pour en chercher les rênes, des hauteurs de la vertu dans les bas-fonds de nos instincts.

Et pourtant, messieurs, qu'y a-t-il au monde de plus grand, de plus admirable que le christianisme ? Eh bien ! la source de cette grandeur, de cette admiration, a-t-elle été dans les richesses de Rome victorieuse ou dans les catacombes ?

C'est que, voyez-le bien, l'intérêt divise et la justice unit. Le cœur sympathique à la justice est un organe unanime qui rend les mêmes sons dans toutes les poitrines honnêtes, tandis que l'esprit, très-divers de sa nature, et flexible à nos intérêts, rend des opinions divergentes.

Ecoutez donc le cœur de l'homme si vous voulez qu'il vous écoute. L'esprit peut vous faire admirer, le cœur seul peut vous faire suivre.

Est-ce le cœur qui vous a fait ouvrir cette école de bassesse, de flatterie, de lâche adulation, où les souverains se sont enhardis à fouler aux pieds les traités internationaux, les promesses de la foi jurée, le droit des gens, aussi reconnu, aussi sacré que la religion dont il est fils ; cette école de despotisme et d'arbitraire où ils s'essayent à ébranler les colonnes du monde moral sur lequel est appuyé le monde politique, à se précipiter, à se ruer sur la pente de cet abîme, où n'étant plus retenus que par la barrière de l'Eglise, ils s'apprêtent encore à la renverser pour rouler plus vite jusqu'au fond du gouffre où tout vestige de l'ordre social vient disparaître. Si la force du scandale est en raison directe de la hauteur d'où il descend, jugez des conséquences entraînées par celui que donnent les princes. Les peuples disent à leurs gouvernants : Si vous avez une morale indépendante des traités, nous en aurons une indépendante de vos lois ; si vous méprisez la première Majesté, nous mépriserons la seconde. La corruption est contagieuse ; elle descend vite, de la tête aux pieds, dans le corps social qu'elle paralyse entièrement. Si le tremblement de terre occasionné par le choc intérieur des courants électriques est l'ensevelissement de quelques fortunes particulières, celui des ambitions en lutte chez les rois est l'ensevelissement de toutes les vertus.

Mais pour faire ainsi, messieurs, malgré vos répugnances, un échange de services avec le mal, vous avez vos raisons. Vous ne lui prêtez votre puissance que parce qu'il vous prête la sienne ; et, en vous prêtant la sienne, il augmente démesurément la vôtre. Il vous donne pour actionnaires tous ceux qui le sont à ses entreprises, tous ceux qu'il enrôle sous ses drapeaux dans la grande croisade de nos jours contre le bien.

Le vieux porte-enseigne de la Négation vous l'a dit : il s'appelle Légion ! Mais n'oubliez pas néanmoins que son antagoniste se nomme le Dieu fort, *Deus fortis ;* et qu'au moment où il paraîtra ses ennemis seront dissipés : *Exurgat Deus, et dissipentur inimici ejus.*

L'un des grands motifs, je le sais, de votre confiance dans la lutte soutenue contre les pouvoirs *temporel* et *spirituel,* c'est que vous croyez être les organes de l'esprit public. Mais à quelle enseigne loge-t-il pour vous, cet esprit public ? Il m'est avis que le *Siècle* le trouve un peu dans l'*Opinion nationale,* et l'*Opinion nationale* dans le *Siècle.* Comme si l'un de ces journaux en était pour l'autre le réflecteur infaillible. Ainsi de la plupart de vos feuilles. C'est de leurs idées qu'elles recrutent leurs idées. Elles imaginent le sens public ; elles le créent à leur ressemblance ; elles lui donnent leurs yeux, leurs oreilles ,et jusqu'à leur logique. Après avoir produit, je ne sais sur quel modèle, cet idéal de société, il devient le type qui rayonne sur l'entendement de ceux de vos lecteurs qui en ont un, et qui acceptent, faute d'autre, cette lanterne dans leurs ténèbres. Oui, messieurs, dussent vos paroles me démentir, votre conscience, je le sais, ne me démentira pas. Je crois voir ceci : vos abonnés cherchent la direction chez vous, et vous la cherchez vous-mêmes dans le nombre de vos abonnés. Or, vos abonnés sont bigarrés en politique comme les partis. L'un tire à droite, l'autre à gauche, l'un en avant, l'autre en arrière, jusqu'au point où l'anarchie les réunisse dans un commun accord de bouleversements et de ruines. O conservateurs et architectes à contre-sens de l'édifice social, vous serez heureux si, après un siècle de tels progrès, vos descendants ne s'écrient : Nos pères ont été les constructeurs de Babel, et leur exemplaire la confusion des langues !

Et déjà, messieurs, entendez le sens commun qui vous crie de tous côtés : Ne faut-il pas que le genre humain soit gouverné par quelque chef, par quelque loi avec sanction : par le prêtre ou le militaire, par la baïonnette ou la chaire à prêcher, par la persuasion ou par la force ? Aimez-vous mieux l'Eglise que la caserne ? vous aurez l'Eglise. Mieux la caserne que l'Eglise ? vous aurez la caserne. Le milieu entre ces deux choses est bien étroit ; mais c'est vous qui le faites ainsi. Trop de liberté aux autres, vous nuisez à vous ; trop de liberté à vous, vous nuisez aux autres. Vous n'êtes pas seuls sur la terre.

Je vous défie d'abord de diminuer le nombre des prêtres sans augmenter celui des gendarmes.

Je vous défie ensuite de contredire la vérité de cette parole remarquable de votre ministre du commerce : « Pour le succès des sociétés ouvrières, il faut une somme de vertus bien supérieure à celle des capitaux. »

Je vous défie encore de la trouver, cette somme de vertus, dans la morale indépendante.

Je vous défie de plus de me nier cette assertion : Ceux qui préparent des chaînes au peuple sont ceux qui ruinent ses croyances.

Je vous défie enfin d'étouffer, sous les brouillards de votre érudition indigeste, la clarté de cet aperçu :

La Genèse sociale n'a que deux mots : union des faibles contre le fort. Quand le fort opprimait le faible par son arbitraire et son despotisme, l'Eglise se rangeait du côté du faible. Quand le faible opprimait le fort par ses coalitions anarchiques et ses émeutes régicides, l'Eglise se rangeait du côté du fort : en cela, toujours convaincue que la justice, issue de Dieu, participe de son éternité ; tandis que l'opinion, issue des hommes, est aussi inconstante qu'eux. Du reste, vous ne l'ignorez pas : s'il y a les flatteurs des princes, il y a aussi les flatteurs des peuples, qui ne sont pas moins dangereux. Et où était le mal, je vous le demande, que les papes substituassent leur balance à celle de ces trafiquants à faux poids de la louange et du conseil ?

— Ici, peut-être allez-vous me demander si je suis ultramontain ou gallican ? — Je ne suis ni l'un ni l'autre ; je me contente d'être catholique. Toutefois, messieurs, étant sûr, ou à peu près, que vous n'avez pas les prétentions de ce bonhomme d'électeur qui disait d'un éligible : « Je veux qu'il fasse profession de foi d'aimer les navets, car j'en ai à vendre, » je vous développerai volontiers quelques articles de la mienne, non pas, certes, pour vous apprendre des vérités, mais pour réveiller en vous celles qui, j'aime à le reconnaître, n'y sont qu'endormies.

J'ai, messieurs, la simplicité de croire qu'une horloge prouve un horloger, et que les œuvres de l'intelligence sont marquées à un autre coin que celles du hasard.

A cette première simplicité j'ajoute celle d'être convaincu qu'à l'élasticité réactionnaire des passions contre la règle il faut le poids d'une grande puissance, et qu'il n'y en a pas, si je cherche bien, de plus grande que celle du Christ.

Je crois que, pour le voyageur de la vie, le point d'abordage est avant celui de la traversée.

Je crois que la philosophie du xviiie siècle, ce mont Aventin de toutes les passions mutinées contre l'Eglise, peut se traduire en ces deux vers :

> Les prêtres ne sont pas ce qu'un vain peuple pense :
> Notre crédulité fait toute leur science ;

et que ces beaux vers sont harmonieux comme le cri de la fausse clef dans la serrure du magasin.

Je crois que ce manteau de tolérance religieuse cousu de panthéisme et piqué de doutes par notre siècle ne vaut guère mieux que celui du siècle dernier, et qu'au train dont les choses marchent, les gouvernements se verront réduits, ce qu'à Dieu ne plaise, de le changer en camisole de force sur le dos des peuples incapables d'é-

Et voyez un peu jusqu'où se trahit l'ignorance en moi de l'esprit du siècle ! je crois que, parmi tous ces prétendus portiers du ciel dont se glorifie le monde des intelligences, il serait assez difficile d'en trouver un seul dont les clefs aient mieux tourné dans la serrure que celles des pontifes successeurs de Pierre ; et que, par suite, c'était un honneur à Pepin et à Charlemagne d'être les fabriciens de l'Eglise romaine, et à Sigismond d'être son grand chantre.

Si je ne craignais, messieurs, de vous fatiguer, ou plutôt de vous irriter contre ma bêtise, je dirais encore :

Je crois que, si la Presse n'était pas devenue un grand jardin mal cultivé, et où la mauvaise herbe étouffe la bonne, nous y eussions trouvé, en bon état et florissantes, des idées précieuses qu'elle a laissées mourir faute d'arrosage.

Je crois, qu'elle nous eût fait comprendre que l'unité italienne est cette botte géographique où se rencontre le Vésuve pour brûler les pieds de ceux qui la chaussent.

Qu'elle aurait dit aux Turcs et à leur empire : Vous êtes bien ce cadavre que la diplomatie tire de son côté quand vous penchez de l'autre. Mais attendons un peu : votre somnambulisme au paradis de Mahomet est près de son réveil ; quand le bon sens l'effectuera, vous vous affaisserez entre les mains des politiques.

Qu'elle n'aurait pas craint d'inculquer à ses souscripteurs qu'au progrès matériel de la civilisation devait s'associer un progrès moral correspondant, pour que le premier ne devînt pas désorganisateur.

Qu'elle aurait saisi surtout et pratiqué dans son enseignement la pensée de Cicéron, qui disait avec sagesse : « Nos ancêtres n'ont point fait de lois contre les parricides, dans la crainte de faire admettre qu'un tel forfait était possible. » Tandis que nous, messieurs, nous avons popularisé les Fieschi, les Peytel, les Orsini, les Lacenaire et les Pierri. Nous avons mis en circulation, comme une monnaie de bon aloi, les héros de cour d'assises, les célébrités d'empoisonnement, les renommées de bagne, les photographies de régicides et de police correctionnelle. Le crime a eu ses organes, et le reptile monstrueux qui devait être caché, autant que possible, dans ses retraites souterraines, a posé effrontément à notre génie de peintre et à nos talents de reproduction.

Qu'elle se serait appliquée à nous faire entendre cette vérité si salutaire à l'ordre social : que le progrès civilisateur par le christianisme ne consiste pas tant dans la satisfaction de nos besoins que dans leur diminution.

Et qu'en fin de compte, il n'est pas seulement inutile, mais encore nuisible de nous apprendre une foule de choses qu'il faudrait oublier pour être d'honnêtes gens.

Mais ne devançons pas, messieurs ; nous avons le temps de promener le miroir où ceux qui se mirent se voient tels qu'ils sont, et où de grands princes, en se regardant, ne deviendront pas, ainsi que Narcisse, amoureux de leur figure.

Je reprends. S'il y a une première Majesté, il y en a une seconde, emprunt ou écoulement de la première. L'univers reconnaît l'une, et la société organisée reconnaît l'autre. Il y a de même deux espèces de monde : le monde physique, ou sensible à l'œil du corps; le monde moral, ou sensible à l'œil de l'âme. Le monde physique vit de la lumière et de la chaleur de son flambeau, qui est le soleil; le monde moral vit de la lumière et de la chaleur du sien, qui est la raison divine ou la religion. Or, n'est-ce pas contre l'une et l'autre Majesté que vous vous érigez en contradicteurs, contre l'un et l'autre flambeau que vous vous posez en étouffoirs? C'est le sublime de l'orgueil; c'est le paroxysme de la folie; c'est le pandémonium du Comité de salut public en 93; le Congrès de Liége en 66; l'Ecole de médecine en 67; et ce sera, si l'on n'y prend garde, le cataclysme de la société en 79.

Et en effet, messieurs, quand vous aurez donné pour fondement à votre puissance les ruines de la justice, les ruines du droit, les ruines de l'autorité sociale, dont le catholicisme est la plus haute expression, croyez-vous qu'elle se maintiendra longtemps sur cette poussière? Ignorants, qui ne croyez qu'à la force, quittez la place de journaliste, et allez prendre la vôtre chez les agneaux qui se prosternent devant les loups.

Quoi! la Prusse vole les petits Etats pour en faire des flèches dans son carquois contre la France, et vous applaudissez! La voix du canon, qui est la sienne, étouffera bientôt la vôtre, et vous applaudissez! Elle élève partout la féodalité sur la démocratie, les pouvoirs militaires sur les pouvoirs civils, et vous applaudissez! Bien, mes naïfs; admirez les sabreurs de la liberté chez autrui, en attendant qu'ils viennent chez vous sabrer la vôtre.

Et voyez déjà ce que devient, sous vos éloges de la guerre, vos *Te Deum* de la gloire, la grande famille des rois de l'Europe : rappelée en arrière quand le christianisme la poussait en avant, elle reste une image de la famille d'Eve, où chaque Caïn force son frère Abel de s'armer contre lui, de se pourvoir d'un instrument de destruction aussi rapide que le sien, pour éviter d'être la proie du meurtrier jaloux, du plaideur fratricide.

— Etablir le système des agglomérations politiques, ainsi que vous le faites; nous définir ces unités sociales par l'unité de langue, l'unité de race, l'unité de croyance; étendre, reculer les limites d'un empire au-delà des aptitudes humaines à le bien gouverner, n'est-ce pas ouvrir à l'Europe une ère nouvelle de conquêtes, remettre tout en problème, et substituer à l'action du temps, ce grand créateur et pondérateur de l'ordre dans les sociétés humaines, l'action des théories subversives, et la logique des casse-cou à la logique des choses?

Sans doute, messieurs, dans ce drame antique des nations en lutte les unes contre les autres, nous cherchons bien aussi, quand il nous laisse respirer, et dans les intermèdes, à évoquer chez nous les spectacles de la paix et du génie industriel; mais que d'obstacles, à

notre époque, pour trouver au principal sa petite case dans l'acces-
soire! À peine avons-nous donné quelques minutes entre des siècles aux exotiques et aux indigènes de notre Champ-de-Mars, aux
merveilles de notre exposition, que la statue vivante du roi Guillaume menace d'y suivre bientôt sa statue en bronze couronnée de
lauriers.

Entendons les peuples, possédés comme malgré eux d'une af-
freuse rage de destruction, s'écrier de tous les points du globe avant
le traité de Londres :

Est-ce qu'il ne se trouvera pas de guêpe pour déchirer la toile
tissue au nord par la Russie et par la Prusse? Il faut que les mouche-
rons, pour n'y pas rester pris, s'entr'aident mutuellement. Autriche,
Italie, Espagne, France et Angleterre, unissez vos ailes ; ce n'est
pas trop. Prenez exemple de ces chevaux qui, à l'aspect du jaguar,
se resserrent en un cercle dont leurs têtes forment le centre, et dont
les points de la circonférence lui montrent le sabot qui doit, s'il
avance, lui casser la gueule. Le fauve qui vous menace mérite cette
précaution ; vous en êtes témoins : il élève sa force à la hauteur de
son ambition, et sa faim s'accroît à mesure qu'il digère les petites
souverainetés déjà englouties. Donc, au lieu de faire sonner des ac-
cents d'indignation ou de chauvinisme, sonnons le boute-selle comme
lui et montons à cheval.

Malheureux, qui nous forcez à ne plus mesurer le génie de
l'homme à la hauteur de son jet de lumière dans les sciences et dans
les arts, mais à la portée de son fusil à aiguille ou de son canon
rayé! contemplez maintenant votre œuvre, et dites-nous s'il peut
sortir d'autre part que de la hure de Satan, l'exécrable projet de
partager l'Europe en une caverne d'assassins, une ambulance d'es-
tropiés et un charnier de cadavres. A l'heure où vous l'aurez ré-
duite en cet état, je vous demanderai à quand la torpille qui doit
faire éclater le globe et vous ensevelir avec lui.

Se peut-il, messieurs, qu'il se soit trouvé parmi vous des démocrates français unissant dans leurs éloges et élevant sur leurs drapeaux deux noms dont l'un dévore l'autre: celui de la liberté et
celui du bretteur allemand? Où court aujourd'hui leur porte-enseigne, sur laquelle il n'y a plus rien? Ce n'est pas où se dirige celui de la France, qu'on aperçut toujours sur le chemin de l'honneur
et du véritable libéralisme. Qu'ils regardent sa grande histoire, et
qu'ils attendent, pour lui comparer leurs tristes annales, qu'elles
aient été épongées du sang dans lequel elles sont écrites. S'ils
continuent de suivre la Prusse, nous les avertissons qu'ils devien-
nent les chauffeurs d'une locomotive en sens inverse du progrès et
du bonheur des peuples.

— Je m'arrête ici, messieurs, pour ouvrir une dépêche. Ah!
bonne nouvelle! Il est temps du moins d'interrompre par de meilleures choses bien des sombres pronostics. Ecoutez :

« La petite Presse illustrée à 5 centimes contient la gravure
de l'accident des *Mouches*. »

« Les vrais mystères du Paris actuel sont contenus dans *Rocam-*
« *bole*. Ponson du Terrail réunit toutes les conditions pour conti-
« nuer habilement l'œuvre d'Eugène Sue. — Pour 10 centimes,
« l'on peut se procurer les quarante-deux premiers feuilletons du-
« dit *Rocambole*. — C'est pour rien, comme vous voyez. »

Et pour ce que cela vaut, disais-je en moi-même.

Mais non, je me rétracte ; cela vaut quelque chose, cela vaut un
songe, un produit du lendemain, sous l'allégresse de la veille.

Je voyais la grande Presse dans les limbes des satisfaits. Les *Dé-*
bats, suivis du *Siècle*, de l'*Opinion nationale*, du *Constitutionnel*,
de la *Revue des Deux Mondes*, du *Figaro*, paraissaient avec la pompe
et la gloire majestueuse du prince des poètes, Homère, lorsqu'il
s'offrit à la vue du Dante, conduit par Virgile dans le séjour des
bienheureux. Tout à coup, ô prodige ! je vois sortir de je ne sais où,
à moins que ce ne soit de mon imagination échauffée encore de la
bataille de Sadowa, je vois sortir, *horresco referens*, un tirailleur
autrichien, qui les prend sans doute pour le roi Guillaume avec son
Bismark, et qui, s'armant de sa carabine bourrée avec de la petite
Presse, les couche en joue et les renverse, à mon grand regret ; car
ils formaient pour moi un des plus beaux spectacles qu'on puisse
contempler dans la région des cauchemars.

Mais pourquoi, messieurs, pourquoi la grande Presse a-t-elle été
tuée par la petite ? — C'est que, chez la grande Presse, l'idée ne sor-
tait plus d'un esprit droit, alimenté par l'observation et reposé par
le sommeil, mais d'une intelligence épuisée par les détails et agitée
comme une eau trouble. C'est qu'en sens contraire des écrivains
qui parlent peu et font beaucoup, elle parlait trop et ne faisait rien.
Je me trompe, messieurs, elle faisait quelque chose ; car la trace
laissée par elle ressemblait à celle du vent et n'était visible que sur
des ruines.

Pour se justifier, la petite Presse répond : Il faut bien que je
remplace ce qui n'intéresse plus par quelque chose qui intéresse.
La grande Presse a préparé d'abord, et acoquiné ensuite les appétits
du public à la nourriture de haut goût, aux mets épicés, au piment,
aux spiritueux ; elle a fait des estomacs qu'elle ne contente plus ; il
leur faut d'autres aliments : le petit salé, les sauces piquantes, les
emporte-gueule, le gin, le cognac, l'absinthe. Aussi mes rédacteurs
ont-ils pour but de piquer, de raviver, de stimuler la curiosité publique ; d'exciter, d'irriter sa malignité jusqu'à l'inflammation.
Déjà, vous le voyez, ils ne piaffent plus dans le cercle restreint des
cocodès, des cocottes et des petits crevés. Ils étendent leur sphère
d'exploitation ; ils se répandent dans un champ plus vaste, glanant
toutes les anecdotes, moissonnant toutes les chroniques, écumant
tous les scandales, et se posant sans scrupule, ainsi que des mouches charbonneuses, sur toutes les putridités sociales pour en dépo-
ser le suc dans les ruches de leurs colonnes. A cela encore la petite
Presse nous dit : Je fais de la distraction, cela délasse l'esprit. Dites
mieux : cela le vide des grandes choses pour le remplir des petites.

Enceinte par vous de pasquinades, de corruption et de bouffonne-rie, notre génération pourra-t-elle un jour enfanter autre chose que des pasquins, des corrupteurs et des bouffons?

Et plût à Dieu qu'on ne vît pas sortir des fruits plus amers de cet enfantement de mouchards et d'espions d'un nouveau genre ! Je dis *mouchards*, parce que, s'ils ne sont pas payés par la police secrète, ils le sont par la perversité et la malice humaine, ce qui est encore pis. N'est-ce pas, messieurs, sous leur exhalaison, dans leur milieu fétide que nous voyons germer des temps, que nous voyons naître des mœurs où l'on peut dire avec tristesse : Ce n'est plus l'honneur qui fait les honorables, ce n'est plus la raison qui fait les raisonna-bles, c'est l'épée des bretteurs, c'est le fleuret des duellistes.

Race de moqueurs et de zoïles, un des plus funestes effets de vos critiques quotidiennes, de la distillation goutte à goutte de vos ma-lices corrosives, c'est la destruction complète dans les esprits de tout respect, de toute considération, de toute déférence pour les supériorités naturelles, sociales et religieuses. Vous avez fait la so-litude de l'indifférence autour d'elles quand vous n'y avez pas ap-pelé le bourdonnement de la jalousie, dont chaque dard laisse une plaie.

Y a-t-il, parmi cette pléiade de grands noms dont brille le ciel de France, une étoile sur laquelle vous n'ayez projeté l'ombre de vos personnalités offensantes, et laissé la tache de vos critiques in-jurieuses? Si c'est par envie et pour substituer votre illustration à la leur, vous vous trompez dans vos prétentions; car le monde at-tend déjà l'arrivée prochaine d'un nouvel Omar, le dégoût public, pour chauffer les bains avec le tombereau de ces feuilles que vous croyez devoir porter vos griffonnages à la célébrité. Au lieu de fre-donner ainsi vos airs moqueurs autour de la statue de la France, que couronnent de lauriers tant d'écrivains immortels, vous feriez mieux, pour votre honneur, de l'introduire avec pompe dans le temple de la gloire, et de laisser aux médiocrités jalouses le soin d'anéantir le respect et l'auréole qui les entourent sur le piédes-tal d'un génie qu'elles ne sauraient atteindre. Quand on s'arroge comme vous le titre de penseurs, de princes de la critique, de re-dresseurs des torts, on ne descend pas aux proportions d'un carica-turiste, ou, si l'on revet les formes de cet insulteur grec des illus-trations dans l'armée, on s'expose aux coups de sceptre que la sa-gesse, représentée par Ulysse, appliquait jadis sur la bosse des in-solents.

Jusques à quand, messieurs, l'esprit de parti sera-t-il au milieu de nous une rature sur les qualités de nos adversaires?

Vous avez tellement habitué la France aux usages de votre théâ-tre, de ce théâtre moderne élevé par vous au-dessus de la tribune parlementaire et de la chaire évangélique, que naguère, dans la grande pièce représentée, pour me servir du terme, au Corps légis-latif, vous avez bien vite, à un illustre personnage, sur huit cla-queurs trouvé huit siffleurs, c'est-à-dire huit quantités négatives sur huit positives dans son budget de politique extérieure, afin que l'effet de son éloquence fût réduit à zéro. Oh! vous pouvez après cela, sur le frontispice de votre Panthéon, étaler avec orgueil cette généreuse épigraphe : *Aux grands hommes la patrie reconnaissante !*

Mais ce n'est pas tout : voyez la plus haute, la plus respectable des supériorités sociales, le Pape! Vous l'avez mis à dessein entre l'enclume du devoir et le marteau des révoltés. Qu'en est-il advenu? Vous n'avez abouti, messieurs, par vos perfides insinuations, qu'à faire jaillir des étincelles de grandeur morale de ce fer rouge, que la Providence a su appliquer ensuite comme une marque d'infamie sur le dos des politiques malavisés.

Ah! messieurs, j'ose le dire, si le bon sens dans les multitudes n'était pas l'appui de la vie humaine, elle s'écroulerait bien vite sur les colonnes d'argile dont vous la soutenez.

Mais « la prévoyance éternelle, selon le mot d'un philosophe, a su placer à côté de diverses plantes nuisibles des simples salutaires, » en préparant, sinon toujours le remède à côté du mal, du moins parfois quelques moyens de l'atténuer. C'est dans les conditions indispensables de votre emploi, dans la nécessité où elles vous mettent de parler à toute heure et sur tous les sujets, que se trouvent en quelque sorte l'affaiblissement de votre influence et l'inanité de votre enseignement. Le grain d'acétate de morphine, s'il est noyé dans une cuve d'eau, perd de sa force; de même une idée perd de la sienne dans les redites. Je passe sous silence le salmigondis de vos articles; il faudrait faire voir comment au récit palpitant d'émotion se joint la réclame de l'épicier ou du droguiste ; à l'analyse du sermon prononcé en chaire, le compte-rendu du drame représenté sur le théâtre; à la circulaire du ministre, la promenade du bœuf gras; à l'événement qui tient du miracle, l'eau prodigieuse de Madame une telle; Guignol après Bismark, le drame sanglant et le fou rire.

Ajoutez, messieurs, qu'à la nourriture distribuée ainsi vous ne donnez guère le temps de la digestion; à peine avez-vous cessé de parler, que le moment est venu pour vous de parler encore. Un journal, surtout quotidien, est donc parfois un terrain fatigué et sans culture, incapable, par cette raison, d'être fertile. S'il trace en courant la silhouette des faits et des tendances d'une époque, il disparaît aussi vite des yeux du corps que ce qu'il contient, des yeux de l'âme. Et heureusement pour nous, messieurs de la petite Presse; car si l'esprit du peuple se remplissait de vos fadaises en les retenant toutes, où serait la place laissée au bon sens dont la lumière le dirige ?

Quelqu'un me crie : Pour parler à ces journalistes, attendez au moins qu'ils soient fatigués de le faire. Mais à quand cette époque? Vous êtes, messieurs, une arène où les coureurs du bel esprit se relayent les uns les autres.

Encore n'est-ce point là le pire des maux dont nous souffrons; vous faites tant de bruit autour des grandes voix qui nous instruisent du haut des siècles, que nous ne pouvons plus les entendre.

Cependant, messieurs, si vous éteignez ainsi les illuminations des temps passés, ne donnez-vous pas naissance aux visions du nôtre? C'est dans une de ces lueurs qui éclairent parfois tout un hémisphère que j'ai vu très-distinctement et sans hallucination, je vous prie de croire, un esprit de vérité volant dans le ciel et criant, ainsi que l'ange apocalyptique: Malheur aux habitants de la terre, parce que la nuit se fait dans les âmes : la nuit dans le cœur, la nuit dans l'esprit, la nuit dans l'imagination, la nuit dans l'entendement, la nuit dans les souvenirs et dans la mémoire ! Toutes les jouissances procurées à l'homme par ces nobles facultés lui seront ravies; plus d'œuvres sérieuses et de longue haleine, plus d'inspirations et de chants lyriques, plus de vastes conceptions artistiques, industrielles et philosophiques s'encadrant, sous forme de drame, d'épopée, d'histoire, de méditations, d'aperçus utiles, de pensées choisies, dans l'in-8° ou dans l'in-4°, pour la vie intellectuelle de l'humanité. Toutes ces lumières du véritable génie vont être obscurcies par le nuage de sauterelles littéraires montant de l'abîme où grouillent depuis longtemps la banalité, le faux savoir, l'ignorance, le bavardage, la légèreté, l'outrecuidance, la fatuité, l'immoralité et les tarentules de l'orgueil. Jamais les rongeurs de l'Afrique, de l'Egypte et de la Turquie d'Europe n'auront fait autant de mal aux productions agricoles, que ces helminthes cholériques aux productions de la pensée. Si le temps n'y met pas remède en créant des sociétés de surveillance pour les denrées alimentaires de l'âme, je vous l'affirme avec conviction, son empoisonnement suivra de près le débit général de ces toxiques dangereux à 10 centimes la feuille.

Voilà, messieurs, quelques aperçus bien faibles sans doute des conséquences immédiates de la petite Presse; je n'ai pas tout dit sur la grande. Tâchons de serrer nos preuves.

Indépendants de Dieu dans la morale, indépendants du beau dans la poésie, indépendants du goût dans les arts, des témoignages dans la certitude, des traditions dans les croyances, seriez-vous destinés à ne faire que des indépendants de la sagesse et des esclaves de la folie?

Ah ! si Bossuet, si Pascal, si La Bruyère, Racine, D'Aguesseau, Montesquieu, Châteaubriand, rappelés à la vie, venaient frapper à la porte de nos cabinets de lecture, ils se hâteraient, en voyant leurs places prises, non par les illustrations contemporaines, mais par nos feuilletonnistes, ourdisseurs bohémiens ou échevelés du roman de pacotille, ils se hâteraient, dis-je, de rentrer dans leur poussière pour ne pas voir leurs noms oubliés, leurs œuvres ternies, leur génie méconnu et le ver rongeur de l'indifférence poursuivre leur âme aux rayons des bibliothèques, comme celui de la tombe leur dépouille mortelle dans un cimetière.

Mais nous sommes au temps où les queues de procession passent à la tête pour nous faire voir le monde à l'envers.

Et en effet, messieurs, par quelle littérature avez-vous entrepris de remplacer celle des grands siècles? Je crains qu'elle ne ressemble un peu à votre architecture de fantaisie, où le romantique passe partout une couche de sa laideur. Vous lui donnez trop, ce me semble, comme à votre capitale, la physionomie d'un parvenu, en effaçant toutes les traces de son histoire. Non, ce n'est pas du fard, ce n'est pas du vermillon qu'il faut à cette figure, ni des pendeloques à ces oreilles ; elle a d'autres richesses à nous faire voir que celles de sa fortune rapidement acquise : les trésors de son passé, les brillants de ses annales et les sacrés diptyques de ses vertus sous les arceaux de ses églises. Je sais, messieurs, que vous avez voulu, de même qu'en politique, un libéralisme dans les lettres ; mais ce libéralisme, en vous affranchissant des principes universels du goût dans tous les temps et chez tous les peuples, vous a jetés hors des voies de la nature et de la vérité. Désespérés d'atteindre les classiques dans la route qu'ils ont suivie, vous en avez pris une qui vous conduit à l'absurde. Mettez en regard vos élucubrations, fruits du libre examen, banalités à jet continu, bluettes et feux de paille allumés la veille sans pouvoir aller jusqu'au lendemain, avec la littérature de tradition. Vous la verrez cette littérature, enfant né viable avec tous les symptômes de la longévité, vous la verrez, dis-je, conçue d'abord par le vrai génie, où se fécondent l'un par l'autre l'intelligence et le cœur ; éditée ensuite par ces Bénédictins du palimpseste ou de la copie, par des typographes tels que les de Tournes, les Vascosan, les Perrin, les Didot ; baptisée enfin par le christianisme, et introduite dans le monde par Léon X et par Louis XIV, s'avancer sur ses deux bonnes jambes, la correction et l'inspiration, vers les plaines rayonnantes de la postérité.

Ici, vous allez me dire : Vous êtes orfèvre, monsieur Josse ?

Si j'étais orfèvre, messieurs, je vous ferais sur les faux diamants les mêmes questions que je vous adresse sur les faux livres. Je vous demanderais d'ouvrir avec moi les rares compositions de ces maîtres ingénieux qui savaient donner à leurs œuvres long-temps méditées, non seulement la richesse du fond, mais les élégances de la forme ; de ces musiciens de la phrase, sachant lui communiquer cette euphonie ravissante qui fait passer l'émotion au cœur par le plaisir de l'oreille ; de ces écrivains, en un mot, qui répandaient leur âme dans un style dont ils ont gardé le moule, qui la faisaient rayonner, cette âme, en aspirations célestes, en sentiments nobles, en idées fécondes, ainsi qu'une goutte de rosée brille en étincelles au lever de l'aurore. Je vous demanderais, dis-je, de mettre en regard de cette grandeur, de cet idéalisme de source pure et élevée, le sublime des derniers ouvrages de votre chef des romantiques, et de prononcer si ce n'est pas là un sublime à contre-sens, pyramide renversée dont la base est dans les nuages et la pointe dans le ruisseau.

Non, messieurs, ici comme ailleurs, vous n'avez pas suivi ni imité le grand modèle. Dieu, en formant l'homme à son image, lui a donné une langue et deux oreilles ; tandis que vous, messieurs, à quelle ressemblance créez-vous votre littérature en lui donnant toujours plus de langues que d'oreilles? Serait-ce qu'elle n'aurait pas besoin d'ouvrir ces dernières aux cris du bon sens, dont elle étouffe les avis par le bruit redoublé de son parlage continuel?

Il y a sur vos ouvrages, messieurs, une autre marque de fabrique que celle du mauvais goût ; et je crois voir pourquoi, dans vos écrits sérieux comme dans vos feuilles légères, les trois quarts de leurs pages au moins sont barbouillés par la griffe du mal. C'est que vos produits naissent d'un mauvais terroir et sous l'influence d'une mauvaise exposition ; vous n'êtes point tournés au soleil levant, qui est le christianisme.

C'est là, croyez-le bien, ce qui donne à vos œuvres, à vos essais philosophiques, à vos projets réformateurs, à vos instincts de nouveautés, un caractère anti-religieux, qui leur imprime en même temps un cachet satanique.

Ainsi, messieurs, la justice, la religion, l'âme humaine, Dieu, il y en a parmi vous qui veulent tout détruire. Mais c'est un genre de folie auquel on refuse un certificat pour entrer à Bicêtre. Il n'y a que le prince des ténèbres qui puisse, parmi ses plus mauvaises places, vous assigner la vôtre.

Soyons de bonne foi : n'est-il pas mieux que l'homme écoute le prêtre avant de se rendre justiciable de l'échafaud, qu'après?

Si la religion n'est pas un lien pour tous, elle n'est un lien pour personne. Qu'avez-vous fait de ce lien pour les trois quarts de vos lecteurs?

Y a-t-il sur la terre une assez haute, une assez puissante personnalité pour se croire en dehors des lois providentielles auxquelles se trouve elle-même assujettie la plus haute et la plus puissante personnalité, qui est Dieu? Car le Créateur n'est si parfait que parce que la loi de l'ordre, la loi du vrai constitue sa nature.

Que les passions nous font raisonner mal! Quelques uns ont dit que les athées étaient des fous ; d'autres, qu'il n'en existait pas. Ceux qui nient la divinité du Christ ne sont pas moins fous, et ils existent.

Les fous inoffensifs et qu'on détient sont à plaindre. Les fous dangereux et qu'on ne détient pas sont à redouter ; la société doit prendre ses précautions contre eux. Les nommerez-vous aux chaires d'enseignement érigées par l'Etat, et seront-ils, en plein Sénat, applaudis par un sénateur?

Quand un étudiant au Congrès de Liége, quand un professeur à l'Ecole de médecine, crient : A bas l'immortalité de l'âme! à bas Jésus-Christ! n'ont-ils pas raison, si vous n'avez pas tort?

Evitons l'inconséquence : si le Christ est le Père et le Rédempteur de la grande famille chrétienne, la célébrité de votre sophiste est celle du parricide. On ne peut donc s'honorer d'une amitié qui ne peut honorer personne.

Il y a des célébrités qui ne valent pas celle du *Pied qui remue,* des succès d'*Ohé Lambert!* des gloires léonines de Bismark et de Lola Montès, qui ne valent guère moins, et que je préférerais pourtant à la vôtre.

Je me trompe, messieurs, cet échafaudage de célébrité malsaine élevé par nous a aussi son prix; il nous montre que ce n'est pas seulement de notre perversité que nous portons la peine, mais encore de notre bêtise. Pour obtenir la gloire des hommes, prenez les moyens de vous en faire craindre; tâchez de les avilir, de peser sur eux ainsi qu'un cauchemar. Le faucon fera plus de bruit parmi les oiseaux, que le rossignol, et l'Erostrate d'un empire retentira plus que son fondateur. Mais je plains les brebis, s'il faut être un peu loup pour s'illustrer au milieu d'elles.

Je dis *illustrer* sans distinguer les genres de gloires, car il y en a de plus étendues que profondes, de plus brillantes que solides.

En preuve, messieurs, pensez à ceci : la justice et l'humanité, qu'en Russie, en Prusse et en Italie nous enterrons si facilement sous les préoccupations du positivisme contemporain de leurs princes, ne sont-elles pas toujours prêtes à ressusciter pour leur jeter la pierre?

Je ne veux faire ici d'application à personne; je répète un adage qui n'est pas de mon crû : Quand tout le monde est fripon, dit la maxime, le meilleur est celui qui ne tue pas. Donc le pire est celui qui tue.

Il y a aussi une espèce de réputation dont il faut prier la société protectrice des animaux de garantir ses protégés.

Je ne parle pas de ceux qui se glorifient d'être au nombre, heureusement petit, de ces chaudières cérébrales dont la Providence tourne le robinet, quand elle veut pousser le wagon de la grande politique dans des voies désastreuses, mais instructives pour le monde : tels Sylla, Genseric, Tamerlan, Cromwell, Mirabeau, et les diminutifs, à diverses époques, de ces éclatantes illustrations.

L'héritage d'une haute naissance peut vous porter d'un coup à la tête de 800,000 baïonnettes, mais le seul mérite d'un génie rare et bienfaisant vous mettre à la tête de 800,000 intelligences.

Eh bien! nous devons plaindre les uns et les autres, s'ils ne voient pas toujours l'épée de Damoclès, qui est celle d'une immense responsabilité, suspendue sur leur tête.

Discite justitiam moniti, et non temnere divos.

Ici, c'est un païen qui est l'organe de la conscience universelle.

Qu'est-ce que le savoir, qu'est-ce que le talent de cacher des idées perverses sous l'élégance du style, comme l'avocat, une mauvaise cause sous son habileté d'improvisation, quand il veut sauver la tête d'un coupable?

Vous ne manquez pas dans vos bureaux, messieurs les journalistes, de ces moulins à paroles qui déguisent toutes les questions en les couvrant de leur farine.

Combien, parmi vous, d'habiles prestidigitateurs qui, après nous avoir montré le vol, le brigandage, l'assassinat en petit sur l'échafaud, nous les montrent en grand sur le piédestal de la gloire!

— Si mes moyens n'étaient pas en ligne droite, dirigés vers mon but, j'userais encore de deux petites digressions qui s'y rattachent cependant.

Je vous dirais : Cette institution dont la nature est si changée, cette école de patriotisme dans les temps anciens, devenue dans les temps modernes une école de sensualisme : école à rebours, nous inoculant des vices que nous n'avons pas et fortifiant ceux que nous avons ; enfin nos théâtres, auxquels vous payez continuellement le tribut de vos analyses et de vos réclames, n'est-ce pas là aussi, messieurs, une funeste incubation de ces renommées de mauvais aloi dont nous endossons toutes les conséquences ? Certes, je voudrais pouvoir soutenir la thèse opposée. Mais qu'y voyons-nous, qu'y entendons-nous ordinairement? — La bêtise chaussée du cothurne ; la niaiserie sur les échasses des grands mots ; la pensée fausse, brillantée de feux d'artifice et de paillettes ; le mensonge en césure ; la nudité du vice patinant sur l'hémistiche ; la vanité bayant aux chimères et étendant ses bras en alexandrins. Oui, messieurs, j'ose l'affirmer : mis à part quelques uns des maîtres et des rares disciples qui les représentent, si nous n'étions pas si affriandés du fruit défendu qui nous y attire, c'est un spectacle, celui-là, qui serait primé bientôt par les tours de souplesse et les gambades de singes exécutés au Jardin des Plantes.

Mais l'exploitation lucrative de nos instincts les plus vulgaires, l'apothéose de nos vices, le culte des sens, et la résurrection païenne de la beauté plastique des formes : voilà pour nos dramaturges, nos comiques, nos vaudevillistes, non des valeurs littéraires que nous ne cherchons plus, mais des valeurs cotées à la Bourse, que nous cherchons toujours.

Ne prophétisons pas, messieurs, nous ne sommes pas prophètes ; contentons-nous de parler juste. La plus simple logique, en voyant vos prémisses, en tirera cette assertion : Quand le règne de la prévoyance commencera chez nous, le vôtre sera terminé ; car elle vous dira : Si la corruption est le précurseur de la barbarie, sortez de chez nous : vous êtes les précurseurs de la corruption.

— Elle le dira bien plus à nos disciples d'Hippocrate, après leur avoir fait cette importante question que vous ne leur faites point : Où votre École de médecine a-t-elle trouvé la dose d'ignorance qu'il faut avoir pour nier l'âme et sa céleste origine? Serait-ce par hasard chez ces philosophes naturalistes qui font descendre l'homme du singe, chez ceux qui établissent l'identité des contraires, l'identité du bien et du mal, du oui et du non, de la mâchoire et du cerveau, de la bêtise et de l'esprit? Car si les contraires sont identiques, à plus forte raison les simples dissemblables. En ce cas, les mollusques doivent raisonner aussi bien qu'eux, et nous faire moins de mal. Je conseille donc aux paroisses où se manifeste un besoin d'assainissement dans la contagion, d'hygiène et de traitement dans les maladies, d'en faire l'épreuve ; et au lieu de demander à la grande école thérapeutique, anatomique et pharmaceutique des officiers de santé ou des docteurs en médecine, de faire arriver à pleins wagons des tonnes de brochets ou des bourriches de bivalves.

Vous qui défendez les gouvernements, qui soutenez avec raison l'autorité si nécessaire dans le monde, comment ne défendez-vous pas le gouvernement de votre corps, son autorité qui est l'âme? Permettrez-vous de les détruire par une émeute du bon sens? Est-ce là le progrès? Est-ce une roue en fer armée de dents d'acier, et que vous faites pousser par la folie sur toutes les croyances du genre humain?

Si les Newton, les Laplace, les Bossuet et les Leibnitz sont, dans l'ordre intellectuel, les têtes de pavots qu'envoient abattre vos Tarquins, à la bonne heure! Coiffez votre république d'un étouffoir, et donnez-lui pour président un coupe-jarret.

Mais ils sont allés, disent-ils, à la chasse de l'âme avec le scalpel, et ils n'ont rien trouvé! Ils ont fait une battue dans les organes, dans les viscères, dans le système nerveux, et toujours rien!... Où est-elle donc, sapristi? — Elle est, parbleu! comme le soleil : dans l'hémisphère où il s'est levé, et non dans celui où il s'est couché!...

Médecins matérialistes, écoutez ceci : S'il était possible de supprimer pour un moment, avec l'idée de Dieu, les hauts instincts qui en dérivent, que cette vie nous paraîtrait triste, pâle, décolorée! Qu'elle nous semblerait désespérante, si, quand nous remuons la poussière des siècles et la cendre des générations éteintes, nous n'en apercevions sortir, ainsi que des étincelles toujours vivantes, les âmes qui habitèrent cette poudre et la mirent en scène sur le théâtre de l'histoire!

Quand vous viendrez au chevet des malades, il faudra commencer par les convaincre que, vous matérialistes de profession et de bonne foi, je suppose, vous valez mieux pourtant que vos congénères : les Lafarge, les Castaing, les La Brinvilliers, les La Vigoureux, les Locuste, les Renaudot, qui savaient si bien combiner et faire le mélange de deux matières, la matière morte du poison avec la matière vivante du malade, pour que la seconde devînt semblable à la première et démontrât devant les tribunaux votre savoir chimique.

Insensés, qui soutenez cette doctrine! on dit que toute vérité n'est pas bonne à dire, mais celle que vous proclamez est bonne à savoir : elle est un précieux avis conduisant à une précaution plus précieuse encore.

Un philosophe contemporain appelait, avec bon sens, les vérités traditionnelles admises de tous les peuples : le patrimoine du genre humain. Frappée de vertige, notre génération menace-t-elle de l'engloutir, ce patrimoine, dans les orgies de la pensée? Le dissipera-t-elle entièrement dans les régions de l'erreur, où s'enfonce de plus en plus l'enfant prodigue de notre âge? Je ne le pense pas. Car si la folie conduit au suicide les individus, l'expérience conduit au bon sens les sociétés humaines; et de leur cataclysme sortent des créations qui les font revivre d'une existence nouvelle, sous des formes moins tourmentées et plus durables.

Déistes, panthéistes, athées, matérialistes de toutes provenances, mécréants de toute mesure, détournez vos dents de la lime de l'Eglise. C'est assez, croyez-moi, de celle du temps pour les user.

Comment ne voyez-vous pas ceci : les protestants ont un penchant à protester, les schismatiques ou déchireurs un penchant à déchirer? Les uns protestent contre le divin tailleur de la robe de l'Eglise, les autres la déchirent... Et vous voulez que ces gens-là soient plus soumis que les catholiques aux constitutions sociales, aux formes politiques dont nous habillent les législateurs? Allez apprendre la logique !

— Un de ces esprits affligés de claudication, parce qu'en eux la jambe du raisonnement est plus courte que celle de la phrase, avançait naguère que les romantiques sans moralité, les flatteurs du peuple et les corrupteurs de ses bons instincts étaient le cœur de la société, parce qu'ils en formaient la gauche dans les corps délibérants. Or, nous croyons, nous, pauvres patouillets, comme ils nous désignent, nous croyons en sens contraire que si Dieu a dit à son Christ : Asseyez-vous à ma droite, il a dû dire à Satan : Passez à ma gauche, et que c'est assurément le côté de ce penseur-là.

Est-ce que Bailly, est-ce que Camille Desmoulins ne sont pas devenus la droite pour une gauche qui les a fait guillotiner tous deux?

Où avez-vous lu que chez l'homme ou chez la femme Dieu ait autorisé le cœur, parce qu'il est au côté gauche, à proscrire le côté droit?

Discoureurs malavisés, dont ce diaphragme tordu d'ambition fait gauchir l'esprit de la triste sorte, allez, tranquillisez-vous. Après de tels axiomes débités la veille en face de la France, vous pouvez le lendemain recevoir dix mille cartes de visite et monter au Capitole sans nous éblouir d'un pareil triomphe.

Car, malgré notre bonhomie, nous savons que vos grands mots de *société moderne*, de *progrès civilisateur*, de *justice à base nouvelle*, de *croissance de la raison publique*. Nous savons, dis-je, que ces mots ronflants ne sont plus qu'un leurre, une piperie pour les badauds, des rogatons de viande pourrie dans vos hameçons, et qui ne peuvent de nos jours amener à vos officines que des goujons, que des carpeaux, menu fretin de la pensée, comme les lecteurs du *Siècle* ou les abonnés du *Petit Journal*. On sait trop aujourd'hui que les dénominations changent de sens dans votre bouche, parce qu'elles en changent dans vos cœurs. Appelez tant qu'il vous plaira *jésuites, cléricaux* les honnêtes gens, vos adversaires: ce sont des épithètes qu'ils peuvent accepter après Fénelon et Vincent de Paul. Et les Turenne aussi, les Condé, les Newton, les Leibnitz, les Racine et les Bossuet, les Christophe Colomb et les Charlemagne, les Grégoire le Grand et les Léon X étaient des cléricaux, puisqu'ils admettaient le surnaturel avec le concours des générations et des témoignages de l'humanité. Si c'est une injure, il ne faut pas les épaules d'Atlas à la supporter, attendu que pour les chrétiens Jésus-Christ la prend sur les siennes.

Mais je vous entends, vous suivez Rousseau à cheval sur cette maxime : « Il faut tolérer toutes les religions, excepté celle qui n'en « tolère aucune. » Or, il n'y a que la vérité qui ne tolère aucune erreur. Donc il faut, à l'exemple de ce grand déiste, être intolérant pour la vérité.

C'est conclure en forme ; seulement je regrette que les Bolingbroke, les Tindal et leurs adhérents aient laissé mourir Newton sans lui avoir dit : Vous tolérez en géométrie des vérités intolérantes pour leurs contradictoires, entre autre celles-ci : *La ligne droite est la plus courte pour arriver d'un point à un autre ; deux angles opposés au sommet sont égaux entre eux.* Or, nous ne pouvons vous approuver dans votre indulgence pour ces axiomes, attendu que nous serions forcés de tolérer en religion et en morale l'intolérante vérité que voici : *Vous aimerez Dieu par-dessus tout, et votre prochain comme vous-même.* Oui, je regrette que l'observation n'ait pas été faite à ce prince des mathématiques ; car Newton aurait répondu : Bien, mes amis ; aussitôt que je verrai le Tout-Puissant, je lui conseillerai, pour vous faire plaisir, de mettre au talon ce que jusqu'ici il a eu le tort de mettre à la tête.

Je n'ose pas le dire, messieurs : chez tous, il faut que votre haine contre le pilote soit bien grande, pour chercher à la satisfaire en faisant sombrer le vaisseau, même au péril des passagers dont vous faites partie.

Mais je suis las d'envisager cette lutte mystérieuse du mal contre le bien ; elle m'épouvante et me consterne !... Sortons des bords de ce courant d'idées et d'affaires politiques, qui roule dans ses flots tant d'immoralités, tant de bassesses, tant d'injustices, tant de platitudes, tant de criantes iniquités ! Il est trop triste, messieurs, de voir passer sur ce torrent dévastateur les dernières épaves de la religion, du droit des gens, de la morale et de la justice dans le monde. Où va la société ? et que prétendent ces hommes qui promènent de nos jours les torches de l'incendie sur les matières inflammables accumulées en Europe par la philosophie du xviiie siècle ? Il semble que des rois vont s'associer dans leurs œuvres à tout ce que fera le diable devenu fou, selon le mot d'un poëte.

Voici les cavouriens et les grugeurs de l'artichaut dérobé, voici Mazzini et ses aides qui s'apprêtent à déshabiller leur pays de son histoire pour le jeter en camisole d'arlequin sur le théâtre des nouveautés. Voici Garibaldi qui le rebaptise, et qui regrette pour lui le culte de la *Raison ;* Garibaldi qui n'a pas assez de sens pour comprendre qu'attaquer l'Eglise, c'est mettre les peuples sous le joug, en délivrant les tyrans du leur. Il oublie qu'il y a des baptêmes qui font de nouvelles taches sans lever les anciennes, de même qu'il y a des hommes dont les éloges sont si suspects, qu'il faut s'en décrasser pour être présentable chez les honnêtes gens. Quand le diable exorcise, il ne peut chasser que l'Esprit divin ; or, qui l'a chassé cet Esprit des meneurs de la révolution piémontaise, sinon celui qui le chassa d'Adam pour le mettre en révolte contre son puissant Maître ?

Italie! Italie! patrie spirituelle et adoptive des âmes, pourquoi nous forcer de chercher un refuge de ton présent si triste dans ton passé si glorieux? Regarde: voilà partout chez toi les choses renversées; la force brisant le droit, au lieu du droit réglant la force. Tes cités, mères de grands hommes et nourricières des beaux-arts; tes cités, modèles de constitutions, où la liberté momentanément bannie revenait bientôt comme à sa terre natale; tes cités enfin, reines du commerce par la civilisation, et de la civilisation par le christianisme; elles qui s'avançaient dans les arènes de la vie, à la splendeur des martyrs de César, et non de ses idoles, seraient-elles condamnées à n'y marcher plus qu'à la lumière du fusil à aiguille ou du canon rayé? Oh! que je te plains de cette immense subversion! Comment as-tu pu recourir à cette puissance qui protége pour ses dents contre les dents d'une autre, à cette puissance orgueilleuse et rapace qui n'est supérieure à la nôtre que par l'activité de ses organes digestifs et la capacité de son ventre? Ce n'est pas la Providence qui t'a jetée dans le contre-sens de prendre le loup pour le bélier qui donnerait en ta faveur des coups de cornes. Non; car elle te disait assez par son école qui est l'histoire : Trois espèces de puissances dominent le monde : les puissances de second et de troisième ordre, c'est-à-dire les grands et les petits Etats, dominés eux-mêmes par la puissance de premier ordre, qui est le Droit... Celle-là, Italiens, cette puissance de premier ordre, parce que sa noblesse n'est pas seulement antique, mais éternelle comme Dieu dont elle est la fille ; cette puissance dont le temps est le ministre, dont les assignations se font plus ou moins attendre, mais nous arrivent infailliblement à leur heure; cette puissance, Italiens, qui plaidera pour vous à son tribunal, quand la religion, sa mère, plaidera contre? ne l'avez-vous pas foulée aux pieds dans vos déprédations sur l'Eglise? Vous plaindrez-vous aux agresseurs étrangers qui vous dépouilleront, quand vous aurez été agresseurs et spoliateurs vous-mêmes dans la maison paternelle? Dieu seul, je le sais, tient en sa main les clefs de l'avenir; mais je crains pour vous que ce ne soit déjà un commencement de punition, que cette méprise de la colombe faisant alliance avec le chasseur contre les serres du vautour.

Italiens! encore un mot, et puisse le ciel ne pas emprunter la voix des événements pour vous le faire entendre! Ce mot, le voici : Le rôle d'initiateur du progrès n'exclut pas celui de répétiteur de l'histoire. On fait fausse route en ne les combinant pas. Si le passé est l'étoffe du présent, le présent est l'étoffe de l'avenir. Ces trois parties de l'existence d'un peuple sont solidaires. On ne saute pas au-delà de son ombre.

Et vous, messieurs les journalistes, qui avez donné, mieux que la mouche autour du coche, une impulsion si déplorable à ce char politique, je ne vous adresse plus qu'une question, à laquelle vous penserez, je l'espère, puisque vous êtes des penseurs : Combien l'homme consacre-t-il de temps à la véritable vie, qui est celle de l'intelligence, pour abréger encore ce temps? Celui qui mange le pain du corps à la sueur de son front, voulez-vous continuer de lui ravir les moyens de manger celui de l'âme à la sérénité de son esprit? Y sémerez-vous toujours, avec le trouble et l'agitation, les germes de la tempête?

Vous êtes une grande école d'instruction politique, parfois religieuse, et toujours littéraire, Or, la littérature regarde quelques uns, la politique un très-grand nombre, et la religion toutes les âmes. Assistant à vos leçons depuis long-temps, en qualité d'auditeur plutôt que de disciple, j'ose proposer à mes maîtres quelques modifications, non pas dans leurs méthodes d'enseignement, mais dans le fond de leurs doctrines. Pour juger d'un édifice, l'architecte ne regarde-t-il pas d'abord les fondements ou les assises? Or, quels sont les principes que vous donnez pour base à vos constructions? L'inconséquence, c'est de la poussière de ruines; l'identité du vrai et du faux, c'est de la putréfaction intellectuelle, qui entraîne bientôt la putréfaction morale. On n'élève rien sur cette poussière, on n'assainit rien sur cette pourriture. J'aime autant les médecins qui disent : Vous n'avez point d'âmes, que ceux qui croient, comme certains d'entre vous, qu'on peut les empester. Il y a des pharmacies de poison pour le corps, et il y en a pour les intelligences. Je me plains surtout que les secondes soient moins surveillées que les premières. Etes-vous de mon avis? En ce cas, surveillez-mieux les vôtres, ou je crains que l'étoile de votre grande institution ne pâlisse, comme celle des Paturots, et qu'à bout de moyens, pour allécher vos abonnés, vous ne soyez réduits un jour à leur distribuer en prime, avec chaque numéro, un pantalon et une pipe.

Je finis, messieurs, par la prière au Tout-Puissant de nous avoir en sa sainte garde, et de nous préserver, vous aussi bien que moi, des résultats de vos prémisses.

Paris, le 20 juillet 1867.

THIONS.

LA VIE

ou

TABLEAU DE SES SPECTACLES ET DE SES LUTTES.

NOTE DES ÉDITEURS.

On se rappelle la part active que prit, il y a quelques années, M. l'abbé Thions dans la polémique sur l'enseignement. On n'a oublié ni ses lettres remarquables, que tous les journaux de Paris et de la province portèrent à la connaissance de leur million de lecteurs; ni sa rétractation de certains écarts où les ardeurs de la lutte l'avaient entraîné, noble désaveu au sujet duquel lui écrivait la plus haute illustration de l'époque : « C'est ainsi que la vérité veut être confessée, et c'est ainsi que l'homme se grandit devant le juge de toute véritable grandeur, en paraissant se démentir et se rapetisser devant le monde. » Tous ces souvenirs donneront de l'intérêt à la lecture de l'ouvrage sur *la Vie*, que l'auteur de cet écrit vient de faire paraître.

Dans ce beau volume in-8° de 500 pages, sorti des presses de la célèbre imprimerie Perrin, où l'élégance des caractères augustaux le dispute à la richesse du format, M. l'abbé Thions appelle surtout l'attention du lecteur sur les questions les plus hautes et les plus controversées de notre temps et de tous les temps, questions qu'il traite, dit le *Courrier de Lyon*, avec un esprit élevé et une rare élégance de style.

Bien qu'il y ait des époques tourmentées où nous n'avons d'oreilles que pour les bruits qui grondent en leur sein, et d'yeux que pour les points noirs apparaissant à l'horizon, plusieurs des personnages distingués de nos jours ont pu se recueillir assez dans la lecture de ce livre pour envoyer à son auteur les appréciations suivantes :

« Je ne veux pas tarder davantage, lui écrit un de nos plus éminents prélats, de vous dire combien je suis heureux que vous ayez pris en main la cause de l'Eglise et du Saint-Siége. Vous vous êtes acquitté de votre tâche avec esprit, avec entrain, avec un caractère marqué d'originalité littéraire. »

« Votre odyssée de la vie, lui mande un autre, est un des plus beaux *sursùm corda*, chanté à notre génération de banquiers et d'écumeurs d'affaires. C'est un livre, du reste, où les horizons s'agrandissent avec l'esprit du lecteur. Aux âmes desséchées et languissantes sous le milieu délétère du positivisme contemporain, votre poème en prose offre un bain rafraîchissant dans l'atmosphère des âges de grandeur et de gloire. S'il n'est pas une instruction proprement dite, il est au moins une suite d'impressions qui portent leur instruction avec elles. »

« En intermêlant la forme poétique et méditative à la forme dramatique, lui disait un docteur ès-lettres de l'académie de Paris, vous avez suivi le précepte du grand-maître en l'art littéraire :

Sans cesse en écrivant variez vos discours.

« Un ouvrage étant surtout une maison de verre pour la personne de son auteur, je vous approuve d'avoir, dans vos dialogues, dans vos objections, dans vos traits d'esprit et d'ironie, montré votre âme telle qu'elle est, avec une loyale et entière franchise. On ne fait pas de la politique avec son lecteur : confesser des méprises, des aberrations, même graves, c'est encore rendre hommage à la vérité, et nous ne sommes grands qu'agenouillés devant ses autels. »

« C'est bien, lui disait une illustration du temps, d'avoir embrassé de votre amour la Création et la Révélation, que des écrivains catholiques ont trop séparées dans le leur ; comme si ces deux belles tiges ne poussaient pas du même tronc divin. Vous vous êtes élevé à un degré vraiment supérieur dans l'apologie que vous faites du christianisme, par le résumé poétique de ses grandeurs en un seul tableau. Votre dernier chapitre est un coup de maître ; il couronne dignement votre œuvre. »

« On peut, dit la *Bibliographie catholique* (février 1867), juger le fond de l'ouvrage de M. l'abbé Thions sur la vie à trois points de vue principaux, littéraire, philosophique et théologique, et, sous chacun de ces rapports, nous lui accordons des éloges accompagnés de quelques réserves... Dans la partie plus spécialement littéraire et artistique, l'auteur a fait preuve d'une érudition assez riche, et d'une grande aptitude à goûter tout ce qui est élevé et vraiment beau. Dans la partie philosophique, il a des aperçus profonds, judicieux, et, nous ne craignons pas de le dire, des morceaux de premier ordre ; mais souvent il s'y montre moins métaphysicien que poète, moins pratique que spéculatif. Nous préférons suivre l'auteur lorsqu'il aborde la grave et simple théologie. Alors seulement, il touche, malgré les écarts de son langage, à cette hauteur calme et sereine d'où l'enseignement descend avec autorité pour laisser dans l'esprit des traces durables. Quand il pénètre dans les profondeurs où la religion se voile sous le mystère, quand il trace le tableau des grandeurs de l'Eglise et célèbre les travaux féconds du sacerdoce catholique, sa marche devient plus assurée, son regard plus ferme, sa parole plus imposante. On reconnaît avec joie qu'il a pour phare cette « colonne de bronze autour de laquelle la raison vacil- « lante s'entrelaçant, ainsi que le lierre autour du chêne séculaire, trouve « un appui solide pour monter vers le ciel. » Nous avons parlé de certains écarts de langage ; expliquons notre remarque. M. Thions a voulu faire une vraie odyssée, c'est-à-dire un poème épique, où rien ne manquât, si ce n'est le rhythme traditionnel. Or, il est difficile de tenir à la fois la trompette et de discourir en même temps comme Platon et saint Paul. Il est donc résulté de là une tension de langage qui touche parfois à l'extraordinaire.

« En résumé, nous sommes heureux de dire que M. l'abbé Thions possède un remarquable talent. Mais plus simple, il eût été compris de tous ; moins sombre, il eût été plus goûté ; moins exclusif, il eût été plus utile. »

« Si votre beau et bon livre, lui écrit un esprit distingué, ne peut trouver son heure que dans les trèves d'agitations politiques et militaires de l'Europe, je vous prédis qu'il en sera un jour l'entretien et la pensée dans le repos de ses convulsions. »

En nous bornant à ces appréciations diverses, parce qu'il faut laisser au lecteur la liberté des siennes, nous nous contenterons d'ajouter :

Quelles que puissent être les déclamations haineuses et les critiques passionnées de ces démocrates à rebours, dont la politique hypocrite a laissé tomber son masque dans l'assassinat du comte Rossi et dans l'action destructive des journées de juin, M. Thions peut être assuré que les libéraux sincères et véritables ne lui feront pas un reproche d'avoir reculé dans la route au bout de laquelle il voyait, ainsi que Pie IX, s'ouvrir un abîme. A l'exemple d'esprits supérieurs, il a pu se persuader un moment qu'une des formes gouvernementales les plus rationnelles était la République, dont il avait accepté des fonctions de consul de France dans la Turquie d'Europe, ainsi que d'éminents ecclésiastiques en acceptaient des mandats pour la représentation du peuple à la Constituante. Pour l'homme bien intentionné, il y a toujours dans l'espoir et l'amour du mieux qu'il conçoit un peu d'illusion sur les instruments et les moyens à mettre en usage pour y parvenir. On ne réfléchit pas assez qu'il faut à une nation des vertus, des qualités, des mœurs spéciales pour une organisation spéciale; qu'on ne rompt pas tout d'un coup avec son passé, et que nous ne tournons pas facilement dans un milieu qui n'est pas le nôtre. Le lecteur, au reste, pourra se convaincre si M. Thions, en luttant contre les dangers d'une liberté fausse, n'est pas demeuré dans les limites qu'une juste et légale définition assigne à la liberté véritable; aussi conclut-il ses dialogues du cinquième livre par cette maxime si pleine d'actualité et de prévoyante sagesse :

« La religion sans la liberté serait repoussante; la liberté sans la religion serait destructive. C'est l'alliance de ces deux choses qui constitue notre arche politique. Elle ne périra point, soyons-en sûrs, ou la société périra avec elle. »

Lyon. — Imprimerie de Félix Girard, rue St-Dominique, 15.